Faire de la santé publique

Didier Fassin

2e édition révisée

2008
ÉDITIONS DE L'ÉCOLE DES HAUTES ÉTUDES EN SANTÉ PUBLIQUE

ISBN 978-2-85952-967-3
www.editions.ehesp.fr

Avant-propos

PLUS QUE D'AUTRES, ce texte est le fruit de circonstances. Je crois utile de les rappeler. Le 8 décembre 2004, à la demande du directeur de l'École nationale de la santé publique, Jacques Hardy, j'ai eu l'honneur de prononcer la conférence inaugurale des Journées de cet établissement d'enseignement. Quelques mois plus tard, l'administrateur des éditions de l'École, Denis Couet, m'a sollicité à son tour pour en faire une publication qui serait destinée aux étudiants des promotions à venir. Je suis à tous deux reconnaissant de m'avoir entraîné dans ce travail de réflexion, puis d'écriture. Ils m'ont donné l'occasion, sans qu'ils le sachent, de mener à bien, dans un format certes plus modeste mais aussi plus réaliste, le projet que j'avais eu, il y a une douzaine d'années, de dessiner une sociologie de la santé publique faisant suite à la généalogie que j'en avais tracée dans *L'espace politique de la santé*: trop ambitieux, ce projet, dont j'avais alors écrit plusieurs dizaines de pages, est resté, au sens propre, lettre morte. Je l'ai repris ici à nouveaux frais, en essayant de demeurer le plus proche possible du style et de la forme de l'intervention orale faite à Rennes.

Le thème qui m'avait été donné pour la conférence était: « La santé publique entre pouvoir et savoir ».

L'intitulé évoquait bien entendu l'ouvrage d'un historien, Jacques Léonard, auteur de *La médecine entre les pouvoirs et les savoirs*, et au-delà de lui, l'œuvre d'un philosophe, Michel Foucault, dont *La volonté de savoir* avait été le creuset de l'invention du « biopouvoir », concept déterminant pour la pensée contemporaine. Plus explicitement toutefois, la commande qui m'était adressée se référait à l'entrée « Santé publique » que j'avais rédigée pour le *Dictionnaire de la pensée médicale* sous la direction de Dominique Lecourt aux Presses universitaires de France. J'ai pris la liberté, dans mon exposé oral, de m'éloigner quelque peu de la « figure imposée » qui m'était donnée et je n'ai donc qu'esquissé l'approche généalogique que j'avais développée dans cet article. Il me semble cependant que cette lecture peut être utile à de futurs spécialistes de santé publique en ce qu'elle offre une perspective de longue durée qui n'est certes pas historiographique, mais qui donne à comprendre la profondeur temporelle de la préoccupation de santé publique. C'est pourquoi j'ai repris, et beaucoup modifié, des éléments de mon texte antérieur.

La conférence que j'ai effectivement prononcée portait ainsi sur un sujet différent de ce qui était annoncé : « La santé publique entre nature et culture ». Référence bien sûr à la grande tradition française de l'anthropologie et notamment à Claude Lévi-Strauss dont *Les structures élémentaires de la parenté* s'ouvre sur cette distinction fondatrice. Mais référence par laquelle je souhaitais surtout opérer un travail de dénaturalisation de la discipline, ou plutôt du regard que l'on pose sur ses objets, en montrant qu'elle est avant tout une pratique culturelle. Pour éviter le caractère abstrait de cette proposition, j'ai nourri mon analyse d'une recherche conduite avec une doctorante, Anne-Jeanne Naudé, dans le cadre d'une Action incitative du ministère de la recherche sur le thème des villes. Il s'agissait de reconstituer, au travers d'une documentation importante et de dizaines d'entretiens, l'histoire sociale du saturnisme infantile en France, afin de montrer ce qu'avait été l'invention, ou plus exactement: la réinvention de cette épidémie. Mon exposé s'appuyait sur ma contribution « Public health as culture » à un numéro spécial du *British Medical Bulletin* dirigé par George Davey Smith et Mary Shaw et intitulé « Cultures of health, cultures of illness ». C'est donc une partie, très remaniée, de la version française de ce texte que je reprends ici.

Les fragments généalogiques, d'une part, et sociologiques, d'autre part, que j'ai ainsi réunis montreront aux lecteurs, je l'espère, ce que c'est que *faire* de la santé publique, c'est-à-dire comment elle *s'est faite* dans l'histoire et aussi comment elle *se fait* au quotidien. Loin des visions héroïques d'une certaine historiographie médicale, loin aussi des lectures désenchantées d'une certaine critique idéologique, j'aimerais montrer comment des idées naissent, des instruments se forgent, des acteurs se mobilisent pour faire exister et reconnaître des réalités qui sont ainsi créées tout autant que découvertes: ce qu'on appelle des « problèmes de santé publique ». Insensiblement mais profondément, ces représentations et ces pratiques, ces concepts et ces méthodes transforment notre vision des choses et, avec elle, notre responsabilité à l'égard du monde et de ses citoyens.

Osny, 30 août 2005

Post-scriptum. Les Éditions de l'École des hautes études en santé publique (ex-École nationale de la santé publique) m'ayant annoncé qu'une réédition de l'ouvrage était en préparation, je leur ai proposé d'en réviser le manuscrit. Il s'agit, d'une part, de mieux préciser certaines formulations (par exemple, la distinction qui m'apparaît aujourd'hui importante entre découverte et invention d'un problème de santé publique), d'autre part, de développer plus substantiellement certaines questions (notamment, autour de l'invisibilité des inégalités et du travail qu'on est en droit d'attendre des sciences sociales pour rendre visible cette dimension de la santé publique). Pour le reste, j'ai surtout essayé de rendre mon propos plus clair et plus direct chaque fois que c'était possible, en ayant à l'esprit cette phrase de Wittgenstein : « Ce dont on ne peut parler, il faut le taire. » Probablement est-ce ce qui vaut à mon livre d'être court.

Osny, 1er janvier 2008

Introduction
Qu'est-ce que la santé publique ?

QU'EST-CE QUE LA SANTÉ PUBLIQUE ? C'est à cette question que je voudrais tenter d'apporter quelques éléments de réponse. Elle peut sembler à la fois naïve et présomptueuse. Naïve, car la banalisation de l'usage de cette expression laisse à penser qu'elle est aujourd'hui devenue familière à beaucoup, à commencer par celles et ceux qui la pratiquent quotidiennement. Présomptueuse, car on peut se demander ce qui peut être ajouté à la soixantaine de définitions qui avaient déjà été recensées il y a quelques années.

La question n'est d'ailleurs pas nouvelle. En 1928 déjà, elle avait fait l'objet d'un symposium de la jeune American Public Health Association. Parmi les multiples formulations proposées par les spécialistes de l'époque, celle de Charles-Edward Winslow, initialement publiée dans la revue *Science* en 1920 et reprise trois ans plus tard dans un opuscule, est restée célèbre et demeure souvent citée :

> « La santé publique est la science et l'art de prévenir les maladies, de prolonger la vie et de promouvoir la santé et l'efficacité physiques à travers les efforts coordonnés de la communauté pour l'assainissement de l'environnement, le contrôle des infections dans la population, l'éducation de l'individu aux principes

de l'hygiène personnelle, l'organisation des services médicaux et infirmiers pour le diagnostic précoce et le traitement préventif des pathologies, le développement des dispositifs sociaux qui assureront à chacun un niveau de vie adéquat pour le maintien de la santé. »

Si elle manque de concision, cette définition classique souligne bien deux aspects qui différencient la santé publique de la médecine clinique : d'une part, alors que celle-ci traite des malades, celle-là s'intéresse d'abord à la santé, qu'elle essaie de préserver et de promouvoir ; d'autre part, alors que la seconde s'adresse à des individus dans le cadre d'un colloque singulier, la première concerne des collectivités dans le cadre de dispositifs publics. Elle méconnaît toutefois la polysémie d'une expression qui désigne, lorsqu'on en suit précisément les usages – communs ou savants –, au moins quatre faits différents.

C'est d'abord une réalité épidémiologique, correspondant à l'état de santé d'une population : on dit par exemple qu'un problème environnemental menace la santé publique. C'est aussi un mode de gestion, caractérisé le plus souvent par l'administration étatique de la santé : on parle alors de santé publique pour l'opposer au secteur privé. C'est encore un domaine d'activité donnant lieu à une spécialisation professionnelle et institutionnelle : on forme ainsi des médecins inspecteurs de santé publique. C'est enfin un champ disciplinaire, avec ses savoirs, ses règles, ses manuels, ses revues, ses sociétés savantes : on a notamment des départements ou des instituts de santé publique. Bien sûr, ces quatre dimensions se font écho les unes aux autres, et même se recoupent partiellement. Il n'en reste pas moins qu'elles révèlent une diversité de sens et une variabilité d'usages dont l'analyse doit prendre acte plutôt que de la minimiser.

Je ne me hasarderai donc pas à proposer une nouvelle définition. Plutôt que d'asséner ce qu'elle est, j'essaierai de comprendre ce que c'est que faire de la santé publique. Mon approche se voudrait donc descriptive plutôt que prescriptive : montrer ce qui s'est fait dans le passé et ce qui se fait au présent, et non ce qu'il faudrait faire. Les définitions qui sont généralement données de la santé publique sont en effet remarquablement normatives. Elles énoncent une sorte d'idéal, généreux voire pléthorique par ses ambitions, dans la lignée plus ou moins affirmée des *Annales d'hygiène publique et de médecine légale*, revue pionnière de la discipline, dont le Prospectus inaugural annonçait en 1829 le projet :

> « L'hygiène publique, qui est l'art de conserver la santé aux hommes réunis en société, est appelée à recevoir un grand développement et à fournir de nombreuses applications au perfectionnement de nos institutions. C'est elle qui observe les variétés, les oppositions, les influences des climats, et qui en apprécie les effets ; qui constate et éloigne toutes les causes contraires à la conservation et au bien-être de l'existence ; enfin qui avise à tous les moyens de salubrité publique... Mais elle a devant elle encore un autre avenir dans l'ordre moral. De l'investigation des habitudes, des professions, de toutes les nuances des positions sociales, elle déduit des réflexions et des conseils qui ne sont pas sans action sur la force et la richesse des états. Les fautes et les crimes sont les maladies de la société qu'il faut travailler à guérir ou, tout au moins, à diminuer ; et jamais les moyens

de curation ne seront plus puissants que quand ils puiseront leur mode d'action dans les révélations de l'homme physique et intellectuel, et que la philosophie et l'hygiène prêteront leurs lumières à la science du gouvernement. »

Considérons, à plus d'un siècle et demi de distance, la *Charte d'Ottawa* promulguée en 1986 :

> « La promotion de la santé a pour but de donner aux individus davantage de maîtrise de leur propre santé et davantage de moyens pour l'améliorer. Pour parvenir à un état de complet bien-être physique, mental et social, l'individu, ou le groupe, doit pouvoir identifier et réaliser ses ambitions, satisfaire ses besoins et évoluer avec son milieu ou s'y adapter... L'altruisme, la vision globale et l'écologie fondent les stratégies de promotion de la santé. »

De telles formulations n'ont pas manqué de susciter, chez les uns, la dénonciation d'une idéologie hygiéniste dangereusement totalitaire (au regard de ses objectifs affichés), chez les autres, l'accusation d'utopie sanitaire ironiquement inefficace (au regard des résultats obtenus). C'est résolument dans une autre direction que je veux m'engager.

Comment la santé publique s'est-elle faite ? Telle est la première interrogation que je soumettrai à examen. Elle donnera lieu à un travail sur le temps long à partir d'un choix de moments retenus pour ce qu'ils nous apprennent – rétrospectivement et volontiers anachroniquement – de l'émergence de ce que nous appelons aujourd'hui la santé publique, entre nouveaux pouvoirs et nouveaux savoirs.

Comment la santé publique se fait-elle ? Telle est la seconde interrogation que je traiterai. Elle permettra, au fil d'un récit retraçant la naissance d'une épidémie, d'explorer l'activité d'hommes et de femmes – spécialistes et amateurs – qui, à partir d'un fait de nature inscrit dans les corps, fabriquent un fait de culture que nous qualifions de problème de santé publique.

Double mouvement, donc : le premier, généalogique, le second, sociologique. Mais l'un et l'autre au service d'une même démonstration : la santé publique ne relève pas de la prescription, mais de la description ; elle n'est pas seulement dans ce qu'on en dit, elle est aussi dans ce qu'on en fait. Au terme de ce parcours, nous comprendrons que la transformation du regard qui fait exister, dans un temps donné du passé (généalogie) ou dans des circonstances particulières du présent (sociologie), cette réalité – déjà là et pourtant jusqu'alors non visible ou non construite – que nous nommons santé publique, produit bien plus que cela. Elle engage en effet, sur un plan anthropologique, la manière dont nous considérons le monde qui nous entoure, en y découvrant par exemple des risques que nous pouvons objectiver dans des probabilités, ou bien en y calculant des différences plutôt que des moyennes pour appréhender des inégalités, et sur un plan politique, la façon dont nous agissons pour le modifier, afin de le rendre moins semblable à nos craintes et plus conforme à nos aspirations, moins menaçant ou plus juste par exemple. Faire de la santé publique, c'est ainsi – pour le meilleur et pour le pire – changer à la fois notre regard et notre intervention sur le monde.

1
Généalogies
Entre pouvoirs et savoirs

Si l'on considère que la santé publique se manifeste dans le souci d'un groupe à l'égard de ce qui atteint le corps ou menace l'existence de ses membres, il est probable que toutes les sociétés connues, dans le présent comme dans le passé, ont développé des activités que l'on serait tenté de classer sous cette rubrique. Si l'on en retient plutôt l'idée d'un projet collectivement défini en vue de défendre un bien commun que l'on qualifie de santé publique, on tendra en revanche à en circonscrire l'histoire dans une temporalité plus restreinte et, pour le dire rapidement, à l'associer à notre modernité.

Dans la première perspective, adoptée par certains ethnologues, le rituel de purification auquel on soumettait hier les habitants d'un village africain à l'annonce de l'arrivée d'une épidémie appartient à la même catégorie d'objets sociaux que le programme de vaccination qu'on y met en œuvre aujourd'hui devant la progression de l'infection. Que le premier soit accompli par des prêtres ou des guérisseurs et le second par des infirmiers ou des médecins, que nous jugions l'immunisation biologique plus efficace que la célébration religieuse est à cet égard de moindre importance : il y a bien, dans les deux cas, une intention collective de remédier à un problème collectif qui menace l'intégrité du groupe.

Dans la seconde perspective, que je privilégierai ici, c'est la dimension politique de la santé publique qu'il s'agit de saisir et, pour ce faire, plutôt que la comparaison entre des cultures, c'est la mise en parallèle dans le temps qui semble heuristique. En effet, plus encore que la notion de collectivité, le terme « public » suppose la reconnaissance d'un bien commun. C'est cette idée d'un bien commun qui fait entrer la santé publique dans le champ du politique, entendu comme l'organisation du vivre ensemble autour de valeurs partagées, mais aussi de référentiels concurrents et même de normes conflictuelles. L'existence, dans le monde social, d'un territoire que l'on peut appeler santé publique suppose donc un accord minimal sur le principe, éventuellement débattu, voire contredit, selon lequel l'intégrité des corps et des existences constitue un bien supérieur qui non seulement concerne le groupe mais qui surtout engage la responsabilité de celles et ceux qui en ont la charge. Il nous faut donc parler ici, en paraphrasant l'intitulé d'un cours donné par Michel Foucault au Collège de France, de gouvernement de la vie.

Mais comment se saisir de cet objet à ses origines et peut-être même dans ses limbes ? Toute enquête sur l'émergence de la santé publique doit, pour ce faire, adopter une démarche généalogique plutôt qu'historiographique. Il ne s'agit pas en effet de repérer l'apparition de dispositifs connus sous ce nom ou même relevant implicitement de la notion. Non seulement l'expression elle-même n'apparaît que tardivement, à la fin du XIXe siècle aux États-Unis, mais la réalité sociologique qu'elle représente, avec ses valeurs, ses normes, ses institutions, ne se manifeste véritablement, dans le monde occidental, qu'à partir de l'Âge classique. Si l'on veut donc remonter au-delà, pour s'interroger sur des prémisses d'un gouvernement de la vie, sans risquer de trop flagrants contresens mais tout en acceptant des anachronismes féconds, il faut essayer de retrouver les traces anciennes préludant à la mise en place de ce que nous appelons aujourd'hui santé publique.

LE GOUVERNEMENT DE LA VIE

Limitons l'analyse, pour commencer, à ce que l'on considère généralement comme les lieux de fondation du monde occidental : l'Antiquité gréco-romaine. Le premier, George Rosen a mis en évidence ce paradoxe fondateur : alors que la Grèce a produit les avancées les plus spectaculaires dans le domaine de la médecine clinique, avec Hippocrate et ses émules dès le Vᵉ siècle av. J.-C., c'est à Rome, où les connaissances sur le corps et la maladie ne progressaient pourtant que modestement, qu'un véritable dispositif sanitaire public voyait le jour, vers la fin du Iᵉʳ siècle av. J.-C.

Paradoxe d'autant plus remarquable que le *Corpus hippocratique* contient le célèbre texte « Airs, eaux, lieux » qui devait fonder l'approche environnementale de l'hygiène pendant deux millénaires : on y trouvait notamment une description des conditions d'apparition de certaines fièvres dans des zones marécageuses et un ensemble de recommandations sur la manière d'en protéger les villes. Mais les leçons des Grecs, ce sont les Romains qui, dans ce domaine, les tireront.

Ainsi que l'écrit cet historien : « Quand Rome conquit le monde méditerranéen et reprit l'héritage de la culture grecque, elle en adopta aussi la médecine et les idées sur la santé. En tant que cliniciens, les Romains étaient de pâles imitateurs des Grecs, mais en tant qu'ingénieurs et administrateurs, en tant que constructeurs de systèmes d'assainissement, en tant qu'organisateurs de services de soins, ils ont donné au monde un exemple et laissé leur marque dans l'histoire. » Mais quel est donc le grand œuvre de la Rome impériale en cette matière ? On peut distinguer, dans le dispositif mis en place sous l'empire romain, deux dimensions de ce qu'aujourd'hui on tend à nommer santé publique.

La première apparue concerne le domaine de l'hygiène environnementale, c'est-à-dire la mise en place de systèmes d'approvisionnement en eau potable par les aqueducs, d'évacuation des ordures par des réseaux d'égouts, d'implantation de thermes et de latrines, toutes activités qui sont conduites dans un contexte où l'assainissement devient une préoccupation majeure des cités. Ces systèmes reposent sur des savoirs en matière d'urbanisme, d'architecture et d'ingénierie hydraulique, ce dont témoigne une série de traités rédigés par des techniciens et non des médecins, et se trouvent alors placés sous l'autorité d'un conseil de l'eau que préside un fonctionnaire de rang consulaire, signe de l'importance qu'on lui accorde.

Le second aspect, plus tardif, relève d'une forme de médecine sociale, c'est-à-dire d'une préoccupation de prévention et de soins à l'égard des populations les plus exposées ou les plus pauvres. Alors que les médecins grecs étaient jusqu'alors des praticiens le plus souvent ambulants, en tout cas rémunérés à l'acte par leurs clients, une médecine publique de thérapeutes appointés par les villes est progressivement mise à la disposition des malades qui sont dans l'incapacité de payer leur traitement. De même, dans certains grands centres urbains, des infirmeries sont créées pour les esclaves, puis des hospices caritatifs pour les indigents. Parallèlement, des connaissances médicales se constituent sur les pathologies liées au travail, donnant lieu à de nombreuses observations cliniques.

En somme, autour de cette période charnière que représente le début du premier millénaire de notre ère, les deux grands domaines de la santé publique que nous reconnaissons aujourd'hui comme l'hygiène environnementale et la médecine sociale intègrent la politique de l'Empire romain, justifiant l'instauration d'une administration spécifique d'édiles.

Pour rendre compte de l'essor de ces activités dans l'Antiquité gréco-romaine, deux hypothèses ont été avancées. L'une, que l'on peut qualifier de cognitive, met en avant le développement de connaissances scientifiques et la rationalisation des pratiques publiques. L'autre, que l'on dira démographique, insiste sur la croissance de la population des villes justifiant une gestion adaptée à ces importantes concentrations humaines. Si chacune comporte des éléments de vérité, aucune n'explique tout à fait le paradoxe précédemment évoqué. En effet, d'une part, les Grecs disposaient déjà, pour l'essentiel, des savoirs sur les corps et sur les maladies, et même sur l'environnement et la salubrité, pour lesquels la contribution des Romains semble en revanche relativement limitée, et d'autre part, la Grèce se composait déjà de cités de taille respectable qui supposaient une administration des problèmes d'assainissement et de pauvreté, comme ce fut le cas un peu plus tard à Rome.

Il faut donc faire appel à une troisième considération, politique cette fois. Si les Romains mettent en place ces dispositifs sanitaires publics, ce que n'avaient pas réellement fait les Grecs, c'est qu'ils sont animés par une conception nouvelle de l'État. L'empire à son apogée, sous Auguste, se donne pour fonction non seulement d'assurer les classiques missions régaliennes de défense (contre les ennemis extérieurs) et de police (contre les ennemis intérieurs), mais aussi d'œuvrer pour le bien-être de l'ensemble des populations qu'il a sous son autorité, que ce soit en assainissant les villes ou en soignant les pauvres. Projet qui a moins à voir avec une générosité inédite des gouvernants (qui se préoccuperaient charitablement des malheureux) ou, à l'inverse, avec un cynisme sans précédent de leur part (qui les ferait utiliser cette politique seulement pour pacifier la cité) qu'avec une manière nouvelle de gouverner. Prendre en charge, au sens fort, les sujets de l'empire fait désormais partie des prérogatives mais aussi des obligations de l'État.

Ce qui suppose de constituer leur vie en objet de gouvernement. Comme l'écrit Paul Veyne, précisément en généralisant à partir du cas romain : « Tout roi est un berger ; il est propriétaire de son troupeau, mais, au lieu de l'exploiter à son profit, il est assez bon pour se mettre au service de son propre troupeau. » Le pouvoir du souverain devient donc, selon la formule de Michel Foucault qui en décelait les prémisses théoriques chez Platon et en voyait l'accomplissement le plus abouti chez les Pères de l'Église, un « pouvoir pastoral » dont l'exercice le légitime aux yeux de ses sujets.

Cette interprétation politique de la genèse de la santé publique, il faut la prendre dans un sens sociologique plutôt que strictement historique. Autrement dit, le constat fait pour l'Empire romain vaut pour d'autres situations à d'autres moments lorsque sont réunies certaines conditions structurelles. Il entre dans ce qui fait la souveraineté du souverain de prendre à son compte l'administration des vies de ses sujets, non seulement dans l'autorité suprême qui lui permet de les mettre à mort, mais aussi dans la bienveillance ambiguë qu'il leur témoigne. Dès lors, on ne s'étonnera pas de ce que le monde occidental n'ait pas l'apanage de ce pouvoir pastoral et, par conséquent, des prérogatives concernant le bien-être des populations.

Pour n'en citer qu'un exemple, relativement bien documenté grâce aux chroniques de Guamán Poma de Ayala, au XVe siècle, les ordonnances édictées par l'Inca à l'intention de ses sujets comportaient une série d'obligations précises relevant de ce que nous qualifierions aujourd'hui comme santé publique : prescriptions et proscriptions en cas d'épidémies ; organisation et contrôle des métiers médicaux ; promotion de la natalité à travers des mesures en faveur des familles nombreuses ; aides publiques en faveur des pauvres, des orphelins, des vieillards et des invalides. Ainsi le souverain manifeste-t-il à la fois son autorité et sa bienveillance. Plus même : il assoit sa grandeur sur la démonstration de sa générosité.

SURVEILLER ET PRÉVENIR

Ainsi, avant d'être un savoir sur des maladies ou des populations, la santé publique manifeste un pouvoir qui s'exerce sur des sujets pour leur bien-être. Cette vérité élémentaire est parfois négligée aujourd'hui, tant les décisions sanitaires paraissent s'entourer de calculs du risque, d'estimations de coût-efficacité, de rationalisations de la précaution. L'histoire des premières structures de santé publique de l'Europe moderne, à partir du XIVe siècle, en apporte pourtant une démonstration pleine d'enseignements. C'est en effet lors de la terrible épidémie de peste qui décima, en 1348, le tiers de la population européenne que furent mis en place les premiers conseils de santé dans les cités de l'Italie du Nord. De ces dispositifs inédits, Carlo Cipolla a retracé la chronique.

À Venise, où l'infection pénètre en premier, empruntant la route de la soie, le Grand Conseil de la République élit en son sein un comité de trois sages qui est chargé de mettre en œuvre les seules mesures réputées efficaces à l'époque, à savoir la quarantaine imposée aux navires entrant dans le port et l'isolement des malades reconnus. Après quelques semaines, le péril s'étant éloigné, le comité est dissous. Dispositif *ad hoc*, il sera reconstitué à chaque nouvelle poussée épidémique qui se produit toutes les deux ou trois décennies, sous des formes heureusement moins tragiques. Il faut un siècle et demi pour sortir de cette logique de l'urgence. En 1486, en effet, une structure pérenne est créée. Elle a vocation à mettre en œuvre des dispositions permanentes pour prévenir la propagation de l'infection ou tout au moins pour limiter ses conséquences.

On peut donc considérer que c'est à partir de ce moment, soit la fin du XVe siècle, que se met en place une véritable politique sanitaire en Europe. Locale et spécifique, elle n'en est pas moins significative d'un mouvement qui va progressivement s'étendre en Italie du Nord et bien au-delà. L'institution d'un comité permanent de représentants des grandes familles vénitiennes conduit en effet à l'extension progressive de leurs missions au service de la santé publique : l'épidémie, qui survient par poussées éloignées dans le temps, ne suffit plus à justifier son existence. Progressivement les prérogatives du comité s'étendent.

Ce sont ainsi le contrôle des hôpitaux et des professions médicales, la surveillance des cimetières et des lieux de boisson, les déplacements des mendiants et des prostituées, le commerce des aliments et du vin, l'approvisionnement et l'évacuation des eaux qui relèvent de ses missions. De même, le comptage des morts, initialement limité aux seuls cas liés à la peste, se généralise désormais à l'ensemble des causes, réalisant ainsi le premier registre civil des décès dans l'histoire occidentale. Cet élargissement du domaine d'intervention des comités est du reste ce qui les conduira à leur perte. L'opposition de l'Église, interdite de processions en temps d'épidémie, celle des marchands, gênés dans leur négoce par la mise en quarantaine des navires chargés de produits, celle enfin des ouvriers des manufactures, mis au chômage par suite de la baisse du volume des affaires, auront peu à peu raison de cette santé publique jugée envahissante et autoritaire.

Dans cette chronique de la peste et des réponses auxquelles elle a donné lieu, on doit prêter attention à deux éléments en quelque sorte annonciateurs de ce que sera ultérieurement la santé publique : d'une part, la configuration spécifique qu'elle prend en fonction du cadre politique dans lequel elle s'inscrit ; d'autre part, le caractère accessoire de la médecine et des médecins dans des dispositifs où l'on aurait pu s'attendre à les voir occuper une place plus conséquente.

En premier lieu, les structures sanitaires se moulent dans les formes politiques spécifiques à chaque contexte historique et à chaque forme gouvernementale. À Venise, république de patriciens, le conseil restreint est nommé par des pairs au sein d'une assemblée aristocratique. À Florence, commune déchirée par les luttes de factions, les fonctionnaires choisis pour cette mission sont rattachés à la police politique. À Milan, duché soumis à une autorité despotique, l'administrateur unique a des pouvoirs étendus et ne rend des comptes qu'au souverain qui l'a nommé. Différences institutionnelles qui révèlent des conceptions différentes de l'intervention du pouvoir sur la santé collective. L'histoire politique de chaque État imprime ainsi d'emblée sa marque sur les premiers dispositifs sanitaires, comme elle ne cessera de le faire par la suite.

En second lieu, la médecine se trouve systématiquement reléguée au second rang derrière l'autorité politique. La chose peut surprendre si l'on s'en tient à une lecture médicale de l'histoire de la santé publique. Ainsi, les collèges locaux de médecins, lorsqu'ils sont sollicités, n'ont guère de connaissance spécifique à faire valoir sur l'épidémie ou, plus largement, sur la santé : les grandes universités d'Italie du Nord, où la médecine jouit pourtant d'un grand prestige, ne jouent presque aucun rôle dans la santé publique naissante. Quant aux médecins appointés par certains des comités, ils y occupent, ainsi que le font les notaires, des fonctions subalternes d'identification des causes de décès : plus que de la santé publique, ils font de la médecine légale. Dans ces structures pionnières de l'histoire sanitaire occidentale donc, l'expertise médicale, au demeurant médiocre en matière d'épidémie, est mise au service de la décision politique. C'est là un trait structurel dans la relation de la santé publique au pouvoir. Celui-ci est toujours premier, celle-là lui est subordonnée.

Statistique et morale

Pourtant, à partir du XVIIIe siècle, l'émergence d'un savoir propre va donner à ce qu'on appelle désormais « hygiène publique », et dont Patrice Bourdelais a reconstitué les traits, une large autonomie par rapport à la médecine clinique. Signe de cette rupture, la controverse à quelques années de distance entre Pierre Louis, promoteur de la « méthode numérique », selon lequel « la statistique est la base fondamentale et unique de toutes les sciences médicales », et Claude Bernard, tenant d'une « médecine expérimentale », pour qui « l'usage des moyennes et l'emploi de la statistique, en médecine et en physiologie, conduisent pour ainsi dire nécessairement à l'erreur ». Pour le premier, l'étude de la population justifie l'usage du calcul. Pour le second, l'individu est toujours singulier. Autour de la question de la quantification des phénomènes et de l'interprétation des mesures se joue bien plus que le développement de nouveaux instruments : une manière inédite de penser la relation entre l'individu et la société, entre le particulier et le général.

La révolution cognitive qui se produit en effet au cours de cette période est, comme l'a montré Alain Desrosières, le passage d'une conception du singulier à une étude de la population. Penser en termes statistiques, c'est en effet donner à chaque personne la même valeur dans un système de comptage permettant de calculer ensuite des valeurs moyennes ou normales, des taux de natalité ou de mortalité, une espérance de vie ou un indice de fécondité. Cette révolution a une double genèse.

D'une part, l'« arithmétique politique » britannique, fondée par William Petty dès le XVIIe siècle, donne au savoir naissant ses principes de maniement des chiffres. Il s'agit non seulement de compter, mais de calculer, notamment des espérances de vie qui serviront aux assurances pour estimer la valeur de leurs primes. Ces techniques ne cesseront de se perfectionner à travers la démographie, au long du XIXe siècle, et jusqu'à l'avènement de l'épidémiologie, après la Seconde Guerre mondiale. D'autre part, la « statistique descriptive » allemande, qui trouvera dans le monumental traité de police médicale écrit par Johannes Peter Frank à la fin du XVIIIe siècle, son expression la plus systématique, obéit à une logique d'institutionnalisation d'un État fragilisé par ses divisions administratives. L'ambition de connaissance exhaustive d'un peuple, de son territoire et de ses institutions, se combine avec une volonté d'intervention qui fait de l'État un gestionnaire et garant des choses de la vie. Cette double intention se perpétuera sous des formes diverses et parfois radicales jusque dans l'eugénisme du XXe siècle. Science des chiffres (dans l'acception actuelle) mais aussi science de l'État (au sens étymologique), la statistique est au cœur du projet sanitaire moderne.

Dans l'usage qu'en font les hygiénistes français, la « statistique morale » ne se contente d'ailleurs pas de compter les vivants et les morts. À travers ce dénombrement, elle énonce et dénonce des injustices. Ainsi, Louis-René Villermé établit en 1828 que les inégalités de mortalité observées entre les quartiers de Paris ne sont pas dues à des différences de densité ou même de salubrité, mais à des disparités dans la répartition de la pauvreté, et il montre en 1840 que l'espérance de vie très réduite dans les manufactures est liée moins à la dureté du travail en soi qu'à la faiblesse des salaires et aux conditions d'existence qu'elle génère. L'hygiène publique qui se développe en France notamment au début du XIXe siècle procède ainsi d'un souci réformiste dont Ann La Berge a toutefois montré qu'il n'avait finalement donné lieu qu'à peu de modifications législatives. Son influence se mesure en réalité plutôt à la transformation lente d'un regard sur le monde social, ses misères et ses déviances, son environnement et ses effets sur les corps, sa différenciation et ses conséquences sur les êtres humains.

En cela, elle prolonge l'idéologie des Lumières qui fait du progrès moral de l'homme le but le plus élevé de l'activité sociale. Ce que résume la formule fameuse de Cabanis citée par Georges Vigarello : « Il faut que l'hygiène aspire à perfectionner la nature humaine en général. » Les hygiénistes mettront toute leur énergie à tendre vers cet objectif utopique, certains de participer à l'aventure civilisatrice de l'humanité, d'abord dans les milieux populaires occidentaux dont il s'agit d'améliorer et de normaliser les modes de vie, et bientôt parmi les indigènes des empires coloniaux que la médecine contribuera à bâtir et à légitimer.

Pendant près de deux siècles, le même mouvement animera la santé publique, du Prospectus qui ouvre le premier numéro des *Annales d'hygiène publique et de médecine légale*, en 1829, à la *Charte d'Ottawa* pour la promotion de la santé rédigée sous l'égide de l'Organisation mondiale de la santé, en 1986. Tout au long de cette période, on retrouverait sans peine le thème sans cesse réitéré de l'annonce d'une « nouvelle santé publique », resurgissant tel un phénix sous la plume de Winslow dans les années 1920, de Sigerist dans les années 1940, d'Ashton et Seymour dans les années 1980, mais aussi dans d'innombrables déclarations et manifestes, toujours avec une même parole prophétique annonçant un monde meilleur grâce à l'œuvre sanitaire et dont Alan Petersen et Deborah Lupton ont livré une vive critique.

LA SANITARISATION DU SOCIAL

Toutefois, jusqu'ici, l'objet à quoi s'attachent ces pouvoirs et ces savoirs de la santé publique est demeuré somme toute implicite. Certes, les épidémies de peste au XIVe siècle et de choléra au XIXe s'imposent comme des faits sanitaires collectifs justifiant l'intervention des gouvernants et de leurs experts. Cependant, on l'a vu, jamais les acteurs de la santé publique n'en restent là. Des questions, toujours plus nombreuses, sont soulevées dont on affirme qu'elles relèvent de ce territoire sans fin qui « touche à toutes les faces de notre existence sociale », selon le mot de

Jean-François Rameaux en 1839, et qui fait dire à Rudolf Virchow en 1848 que « la politique n'est rien d'autre que la médecine sur une grande échelle ». Devant une telle entreprise, condamnée à être ce que Lion Murard et Patrick Zylberman appellent une « utopie contrariée », des choix doivent être faits afin de déterminer les priorités sur lesquelles les actions seront conduites. Comment opère-t-on ces choix ? Qu'est-ce qui fait qu'une réalité sociale va devenir un problème de santé publique ?

À cette question, la réponse semble à première vue triviale : est un problème de santé publique tout ce qui concerne le bien-être d'une collectivité et relève d'une intervention collective. Les spécialistes se rendent toutefois vite compte qu'une telle évidence n'est qu'apparente et que, dans la multitude des faits relevant de cette définition, beaucoup ne sont pas traités comme tels, alors même que, de leur point de vue, ils le devraient. Ils proposent donc des critères permettant de les objectiver : fréquence, gravité, caractéristiques de la population concernée, rapport entre le coût et l'efficacité des mesures permettant de le prévenir ou de le traiter, tous éléments qu'il est possible de quantifier.

Pour autant, cette approche, que l'on peut qualifier de positiviste, énonce des règles de bonne conduite plutôt qu'elle ne décrit ce qui se passe en réalité. L'attention portée à un problème et la réponse qui lui sera donnée dépendent de bien d'autres éléments, comme son caractère spectaculaire, le traitement médiatique dont il fait l'objet, l'action parfois isolée d'un professionnel ou d'un décideur, la mobilisation de groupes de malades ou d'associations d'usagers.

Afin de rendre compte de ces processus, on parle alors de « construction sociale » de la santé publique, au sens donné par Joseph Schneider à cette expression.

Cette construction de la santé publique passe par une double opération de médicalisation et de politisation des faits sociaux. Un exemple classique, étudié par Ian Hacking, est celui de la maltraitance infantile. Ce qui s'impose aujourd'hui avec l'évidence d'un péril grave et apparaît à chacun comme une priorité de santé publique n'est en fait identifié comme tel que depuis deux décennies. Jusqu'à la fin du XIXe siècle, les coups infligés par les parents à leurs enfants sont considérés comme destinés à les corriger *stricto sensu*, autrement dit à les rendre meilleurs, et comme relevant de la *patria potestas*, par conséquent de l'espace domestique. La loi de 1889, en France, dont Georges Vigarello a reconstitué la généalogie, reconnaît en cette violence un « mauvais traitement » dont elle fait un délit passible de peines proportionnées à sa gravité et qui peut conduire à la « déchéance de la puissance parentale ». Cette législation a donc une triple conséquence : elle requalifie la correction en mauvais traitement (*cruelty to children*, aux États-Unis) ; elle la fait passer du domaine privé à la sphère publique ; elle la constitue en problème relevant de la compétence du juge et des travailleurs sociaux. Mais on n'est pas encore dans le domaine de la médecine ni *a fortiori* de la santé publique.

Dans la seconde moitié du XXe siècle, comme l'a montré Barbara Nelson, deux faits vont transformer cette réalité. D'abord, dans les années 1960, la découverte, par des pédiatres et des radiologues états-uniens, de tableaux cliniques de fractures multiples qui sont rapportés à des mauvais traitements et désignés comme « syndrome de l'enfant battu ». Désormais, la violence à l'encontre des enfants relève de la clinique, les publications se multiplient, la nouvelle entité entre dans les manuels de médecine (le *child abuse* fait son apparition dans l'*Index Medicus* en 1965). Un peu plus tard, dans les années 1970, toujours aux États-Unis, des professionnels du travail social et des associations de parents se mobilisent contre ce problème, en font une cause politique et obtiennent en 1974 le vote d'une loi qui protège les victimes. La violence à l'encontre des enfants est maintenant dans le domaine public. Mais elle est encore strictement physique : parler de mauvais traitements, c'est implicitement se référer aux coups reçus par les enfants. Les choses changent quelques années plus tard lorsqu'elle devient avant tout sexuelle et même, dans sa forme la plus grave, incestueuse (« Incest : Child abuse begins at home » titre un journal populaire des États-Unis en 1977). En France, suivant en cela une histoire parallèle quoique décalée dans le temps, la « maltraitance » (néologisme qui, significativement, est créé pour désigner le phénomène) est elle aussi introduite dans les politiques de santé publique au cours des années 1990.

Rendre lisible cette double opération de traduction qui fait d'une réalité socio-juridique de la fin du XIXe siècle, d'abord une entité médicale, puis un enjeu politique, avant qu'elle ne devienne au bout du compte un problème de santé publique (auquel sont bien entendu conservées ses sanctions pénales et ses caractéristiques cliniques), c'est montrer que les réalités que nous qualifions de la sorte doivent, pour nous apparaître telles, faire l'objet de l'intervention d'experts et de profanes, de médecins et de législateurs, de médias et d'associations qui les font exister sous la forme que nous leur connaissons.

Les illustrations de ce que l'on peut ainsi appeler une sanitarisation du social – c'est-à-dire une réécriture d'un problème social en langage sanitaire – seraient multiples. C'est notamment le cas de la toxicomanie qui, de déviance relevant essentiellement d'une logique répressive, est devenue dans les années 1990 un enjeu majeur de santé publique, non seulement par l'invocation du danger d'infections telles que le sida et l'hépatite, mais aussi par son rapprochement avec le tabagisme et l'alcoolisme en tant que dépendances pathogènes plutôt que pratiques illégales : construction sociale à la fois d'un risque et d'une équivalence qui permet de traduire une menace sociale en péril sanitaire.

Probablement est-ce toutefois dans le domaine de la santé mentale que le processus de traduction a été le plus systématique et le plus efficace, donnant lieu à une extension de l'intervention des psychologues et des psychiatres bien au-delà du territoire habituel de leurs consultations, de leurs dispensaires et de leurs hôpitaux. La souffrance en est venue à dire un ensemble de désordres que l'on subsume sous l'expression de question sociale, incluant la précarité aussi bien que la délinquance ; des lieux d'écoute ont été mis en place pour y répondre. Le traumatisme a permis d'énoncer dans le langage du corps et du psychisme les violences subies ici comme ailleurs ; des pratiques de victimologie psychiatrique et de psychotraumatologie de l'exil se sont développées pour prendre en charge ici les sinistrés d'accidents ou d'attentats, là les demandeurs d'asile soumis à des persécutions et des tortures. Des politiques nationales se déploient ainsi sous l'égide de l'État pour répondre à ces désordres et ces violences devenus problèmes de santé publique.

Mais montrer comment se font ces opérations de traduction, c'est aussi, à rebours, pouvoir penser les réalités que la société ne se donne pas comme problèmes de santé publique alors même qu'ils pourraient, ou devraient, en relever. Tel est le cas, en bien des endroits du monde, des inégalités sociales devant la maladie et devant la mort qui sont rarement reconnues et combattues pour ce qu'elles sont. Sur le continent africain en général, et en Afrique du Sud en particulier, il a été ainsi plus facile, pour expliquer la progression extrêmement rapide du sida, d'incriminer les comportements sexuels et certaines pratiques culturelles des populations les plus affectées que de mettre en cause les disparités sociales et raciales qui sous-tendaient cette évolution.

Dans un contexte certes très différent, on voit à quel point en France les inégalités sociales devant la maladie et la mort ont eu du mal à être identifiées comme relevant d'un engagement prioritaire des politiques de santé, aussi bien en matière de production statistique qu'en matière d'action publique. Lorsqu'elles l'ont été, c'est essentiellement du point de vue de la protection sociale et de l'accès aux soins, alors qu'il est bien établi que ce sont les déterminants sociaux tels que les disparités en matière d'éducation, d'emploi, de logement qui influent de façon décisive sur les inégalités de santé.C'est dire combien il faudrait pouvoir être attentif à la fois à ce qui fait l'objet d'une traduction dans l'espace social et ce qui échappe du même coup à cette opération.

Ayant commencé cette partie par un paradoxe historique, on la conclura d'un autre, contemporain. Comme le constate Matthew Ramsay, il est notable que la France, pays où l'hygiène publique a été inventée à la fin du XVIIIe siècle, soit au début du XXIe l'un de ceux qui, dans le monde occidental, ait les performances les plus modestes en santé publique : le développement de l'épidémie de sida lié à la transfusion sanguine dans les années 1980 ou les taux de mortalité observés lors de la canicule de l'été 2003 l'ont attesté. Et l'on pourrait ajouter cet autre fait remarquable : que la France, qui a joué un rôle pionnier dans l'identification et la compréhension des inégalités sociales devant la maladie et la mort il y a deux cents ans, soit aujourd'hui celui où elles sont à la fois les plus profondes et les moins reconnues en Europe de l'Ouest, alors même que la notation de son système de santé la situe au premier rang mondial.

2
Sociologies
De la nature à la culture

La santé publique, en tant que pratique, se présente à elle-même et aux autres comme énonçant des phénomènes inscrits dans la « nature des choses » : ce sont des maladies, des microbes, des risques environnementaux, des statistiques de morbidité ou de mortalité, des comportements mettant en danger les corps ou, à l'inverse, les protégeant, tous éléments que l'intervention doit « naturellement » prendre en considération pour permettre une amélioration ou une préservation de la santé de la population. Autrement dit, la santé publique se donne comme allant de soi, ne faisant en somme que dire ce qui est. Rarement elle se pense comme un fait de culture, ce que pourtant l'histoire et l'anthropologie mettent en évidence par le simple constat qu'elle n'a pas existé toujours et partout sous la forme que nous lui connaissons.

La « dimension culturelle » n'est toutefois pas absente de son discours. Mais c'est toujours du côté de ses destinataires qu'elle la trouve. C'est là qu'elle identifie les « facteurs culturels » et leur traduction en termes de comportements pathogènes ou protecteurs qui sont autant d'éléments entrant dans les calculs de probabilité des risques auxquels s'exposent les individus. C'est là aussi qu'elle voit les « obstacles culturels » qui entraveront la bonne marche des programmes de prévention ou de soins.

Par rapport à cette vision, je propose d'opérer un double déplacement : d'un côté, je montrerai que la santé publique est une pratique culturelle ; de l'autre, je m'attacherai à inscrire les problèmes auxquels elle s'attaque dans leur contexte social. Ces deux renversements de perspective procèdent de deux approches sociologiques que l'on tend souvent à opposer, mais qu'il me semble indispensable d'associer.

Une première grille de lecture se concentre sur la manière dont les agents sociaux font exister un problème de santé et l'inscrivent sur l'agenda politique, souvent dans des processus de concurrence, voire de confrontation avec d'autres agents sociaux qui veulent faire valoir d'autres priorités, d'autres normes, d'autres attentes. On qualifie cette approche de constructiviste dans la mesure où elle s'attache à la façon dont le social est toujours construit.

Une seconde grille de lecture recherche les conditions sociales, y compris environnementales, qui expliquent pourquoi ou permettent de comprendre comment le problème de santé suit des lignes de différenciation et d'inégalité sociales, en quoi il est le résultat de structurations et d'agencements du monde social. On peut parler alors d'une approche réaliste en ce sens qu'elle nous rappelle à la réalité la plus matérielle et souvent la plus douloureuse de la maladie.

Le constructivisme seul – dans sa version radicale – tend à déréaliser les problèmes de santé qu'il présente comme de pures créations sociales. Le réalisme isolé – dans sa version positiviste – tend à réifier les problèmes de santé en négligeant le rôle que jouent les agents pour leur donner une place dans l'espace public. Il nous faut donc tenter de lier les deux démarches. C'est ce que je voudrais faire en reprenant une histoire à cet égard exemplaire : celle du saturnisme infantile en France.

NAISSANCE D'UNE ÉPIDÉMIE

En 1981, une équipe lyonnaise de pédiatres de l'hôpital Édouard-Herriot et de toxicologues de la faculté de médecine Alexis-Carrel publie un article dans les *Archives françaises de pédiatrie* sous le titre : « Intoxication par le plomb révélée par une encéphalopathie sévère. Un cas français de "pica" ». Il y est question d'un petit garçon de cinq ans prénommé Mammar hospitalisé pour des troubles de la conscience et des symptômes digestifs. Alors que les investigations diagnostiques se prolongent vainement, l'état neurologique de l'enfant s'aggrave, avec la survenue de crises convulsives, et une intervention neurochirurgicale est pratiquée, dans l'hypothèse d'une hydrocéphalie. Plusieurs jours après l'opération, un dosage sanguin conduit enfin à reconnaître une intoxication au plomb, peu après confirmée par l'interrogatoire des parents grâce auquel on apprend que le petit garçon mange « les écailles des peintures de leur maison vétuste ». Si le saturnisme a été si difficile à identifier, c'est qu'à cette époque, on considère en France qu'il « est rarement rencontré dans la pathologie générale, surtout en pédiatrie ». Un traitement par des chélateurs est réalisé et l'état clinique de l'enfant s'améliore.

Six mois plus tard, nous dit-on, il va bien et n'a pas de séquelles. Aucune enquête sociale n'a toutefois été diligentée, il n'y a pas eu de visite au domicile, les autres enfants de la fratrie n'ont pas eu de prélèvement, on n'a pas proposé à la famille un relogement. Le petit garçon est simplement rentré chez lui où, selon toute probabilité, il a continué à s'intoxiquer, sinon avec les écailles des vieilles peintures, en supposant que ses parents l'aient mis à l'écart de cette source de contamination, du moins avec les poussières qu'il ne pouvait manquer d'inhaler. Pour les médecins, à cette époque, le saturnisme est un problème clinique qui se traite entièrement dans l'enceinte de l'hôpital. L'histoire de Mammar est donc destinée à rester un « beau cas » de la médecine, d'autant qu'il n'a pas connu l'évolution dramatique des encéphalopathies pour lesquelles on compte, à l'époque, « 30 % de mortalité et 80 % de séquelles à type de retard intellectuel et/ou de comitialité ». Il est vrai qu'entre 1956 et 1981, on n'a rapporté en tout et pour tout que dix observations françaises de saturnisme infantile dans les revues de pédiatrie.

Moins de deux décennies plus tard, en 1999, une expertise de l'Institut national de la santé et de la recherche médicale (Inserm) estime à 85 000 le nombre d'enfants d'un à six ans qui seraient victimes de saturnisme, soit 1,94 % d'entre eux, en considérant le seuil internationalement retenu de 10 µg/dl. Deux types de protocole sont proposés pour un dépistage et une intervention de grande ampleur. Le premier, une approche populationnelle, cible les enfants et remonte à l'habitat dans lequel ils résident : pour les 50 000 logements considérés, on évalue ainsi « le coût des travaux palliatifs à 2,5 milliards de francs et à 5 milliards de francs si l'éradication du plomb est visée ». Le second, une approche environnementale, se concentre sur l'habitat réputé exposer ceux qui l'occupent en fonction de son ancienneté et de son insalubrité : pour les 150 000 logements à risque, on évoque alors un « coût de la stratégie entre 11,5 et près de 20 milliards de francs ». Les auteurs du rapport en appellent à une mobilisation massive et urgente pour corriger le problème.

Du cas isolé on est donc passé à l'épidémie. Plus que l'identification clinique des petits malades, on s'attache désormais au diagnostic de masse. Au traitement des enfants par chélation est venu s'ajouter un traitement de l'habitat par réhabilitation des logements. L'affection réputée exceptionnelle en France est enfin devenue une priorité politique, inscrite dans une loi votée au Parlement en 1998. Le saturnisme est entré dans le domaine de la santé publique.

Que s'est-il donc passé entre le début des années 1980 et la fin des années 1990, entre ce moment où l'on ne recensait que 10 cas en vingt-cinq ans et ce moment où l'Inserm en compte 85 000 ? L'habitat s'est-il brutalement dégradé ? Le plomb s'est-il massivement infiltré dans le corps des petits enfants ? Comment expliquer cette évolution dramatique ? En fait, il ne s'est rien passé. Ou plutôt si, une chose minime et décisive à la fois : une politique de santé publique a été inventée. Elle l'a été par des professionnels de la médecine et du social, par des membres d'organisations humanitaires et des agents de collectivités locales, par des experts et des citoyens. Entre l'observation d'une maladie rare qu'on rapporte dans les revues spécialisées et le constat d'un problème sanitaire dont on parle dans la grande presse, ce n'est pas la fréquence du saturnisme infantile qui se serait spectaculairement accrue. C'est le regard porté sur cette affection qui s'est modifié. Il est désormais question de population, de risque, de seuils, de mesures collectives, en lieu et place d'individus, de symptomatologie, de biologie, de médicaments. Que l'enfant s'appelle Mammar, qu'il appartienne à un milieu défavorisé et qu'il vive dans un logement vétuste est maintenant signifiant, alors qu'il ne s'agissait auparavant que d'éléments anecdotiques dans une histoire clinique.

Ce nouvel ensemble de mots et de choses, de signes et de faits, qui remplace ou déplace celui de la médecine, on peut l'appeler culture de santé publique. Il s'agit en effet d'une construction sociale productrice de sens par laquelle le monde est représenté, par exemple en termes d'épidémie appelant une mobilisation politique forte plutôt qu'en termes de cas isolés laissés entre les mains des professionnels, autrement dit un « ensemble historiquement transmis de significations incorporées dans des symboles » dans les termes de Clifford Geertz. Mais le saturnisme infantile n'est pas seulement cette chose construite par des agents sociaux, il est aussi une maladie produite par l'habitat insalubre, et les significations de la santé publique ne sont pas uniquement incorporées dans des symboles culturels, elles le sont aussi dans des organes physiques, comme l'a abondamment illustré Paul Farmer à propos des pathologies infectieuses. Ce sont presque exclusivement certains groupes, avec des caractéristiques d'appartenance sociale et d'origine géographique particulières, qui sont affectés, surtout dans les formes les plus sévères qui laissent de graves séquelles et parfois tuent. Dans la première lecture, on aura reconnu le regard constructiviste ; dans la seconde, l'approche réaliste.

NATURALISER DES OBJETS

Première proposition, donc : la santé publique naturalise ses objets. Cette opération, qui consiste à inscrire les évidences dans la nature des choses, échappe généralement à l'analyse, tant elle semble aller de soi – tant elle est, précisément, naturelle. Or, il s'agit là d'un trait essentiel de ce qui fait toute culture médicale, et peut-être le plus occulté pourtant, ou plus exactement le moins questionné, ainsi qu'a pu l'affirmer Emily Martin. Aujourd'hui, pour le journaliste ou pour le ministre, pour le responsable associatif ou pour le médecin municipal, les 85 000 enfants victimes du saturnisme existent comme une évidence tellement établie que tous en oublient de s'interroger sur cette autre évidence selon laquelle, quelques années plus tôt, il s'agissait d'une maladie exceptionnelle. Or, les problèmes sanitaires ne sont pas seulement des réalités biologiques que les spécialistes viennent mettre au jour, ils sont aussi des faits épidémiologiques qu'ils construisent, comme l'a montré Nancy Krieger. La santé publique ne se contente pas de découvrir : elle invente.

Revenons à nos enfants intoxiqués par le plomb. À Lyon, en 1981, le petit garçon avait été renvoyé chez ses parents et les médecins s'étaient contentés de le revoir en consultation, comme du reste on l'avait toujours fait dans les services de pédiatrie français. À Paris, en 1985, une petite fille, qui présente une intoxication moins grave, va susciter plus d'émoi parmi les cliniciens qui l'ont en charge et qui, dépassant les prérogatives habituelles de leur métier, organisent une visite au domicile. Sur place, l'assistante sociale constate que la famille, malienne, vit au cœur de la capitale dans un appartement délabré dont les peintures s'écaillent, mais aussi dont les planchers s'effondrent. Consternée par ce spectacle, elle alerte les services de santé materno-infantile de la ville qu'elle peine toutefois à convaincre de la gravité de la situation. C'est que personne, à l'époque, n'envisage que le saturnisme puisse être un problème de santé publique. La responsable locale de la protection maternelle et infantile reconnaît elle-même qu'elle n'avait entendu parler de cette affection que dans le cadre de la médecine du travail et ignorait qu'il pût y en avoir une forme infantile.

Désormais cependant, le saturnisme est sorti de l'hôpital. Si les enfants continuent d'y être diagnostiqués et d'y recevoir des soins, d'autant plus nombreux que les pédiatres tendent de plus en plus à reconnaître cette affection réputée silencieuse et polymorphe, d'autres agents commencent à s'y intéresser : médecins de santé publique, biologistes toxicologues, assistantes sociales. La reconnaissance du problème s'accélère. Alors qu'une étude clinique rétrospective retrouve 20 cas parisiens entre 1984 et 1986, deux enquêtes épidémiologiques cette fois, de format très modeste et de protocole plutôt rudimentaire, sont conduites en 1986 et 1987 par un médecin et un biologiste, l'une et l'autre pourtant peu rompus aux exercices biostatistiques.

La première, descriptive, porte sur les 52 habitants de deux immeubles où les premiers cas ont été diagnostiqués. Elle met en évidence que seuls les enfants de moins de six ans, dans la proportion de 4 sur 7, sont intoxiqués. Elle écarte la responsabilité de l'eau, que l'on avait d'abord incriminée comme il était habituel de le faire à cette époque lorsqu'une intoxication par le plomb était trouvée. Elle révèle en revanche, de façon inattendue de l'aveu même de l'équipe, que la peinture des murs contient des proportions extrêmement élevées de plomb. La seconde enquête, étiologique, compare cette fois 82 enfants exposés au risque car vivant dans des logements vétustes et 40 autres non exposés car résidant dans des immeubles récents mais de milieu social similaire. Elle établit la responsabilité de l'habitat, puisque 7 cas d'intoxication sont trouvés dans le premier groupe, aucun dans le deuxième, et qu'au domicile des enfants contaminés, lorsque des prélèvements sont faits sur les murs et les boiseries, des taux considérables de plomb sont trouvés.

Dès lors, le mouvement s'étend et s'accélère. Les services de protection maternelle et infantile de Paris mettent en place un dépistage orienté consistant à réaliser des tests sanguins pour les enfants dont les logements correspondent à des critères de risque. Le département de santé publique de la faculté de médecine Bichat propose un dispositif de surveillance qui recense les cas. Deux associations, l'une humanitaire, l'autre de soins aux immigrés organisent une mission exploratoire aux États-Unis pour y apprendre les procédures de diagnostic et les techniques de prévention utilisées outre-Atlantique.

En 1990, cinq ans après le premier cas mobilisateur, une conférence internationale est organisée en

Seine-Saint-Denis. Elle vise à faire prendre conscience aux pouvoirs publics français encore incrédules que le problème est grave et justifie une politique. Pour ce faire, on a invité des spécialistes étrangers censés apporter la légitimité de leur expérience et de leur expertise. On compte alors, dans la seule capitale, 1 500 cas d'intoxication au plomb chez l'enfant. Une épidémie est née.

Pour qu'une telle opération de traduction d'observations cliniques en données épidémiologiques et d'une maladie rare en priorité de santé publique soit possible, il a fallu que se transforme la vision du monde des professionnels de la santé, ou tout au moins de certains d'entre eux.

Premièrement, des objets intellectuels nouveaux ont dû être mobilisés : progressivement, on a quitté le langage des symptômes, des dosages, des radiographies et des chélations, et l'on s'est mis à parler de groupes, de dépistage, de risque et de mesures d'hygiène. Au raisonnement individuel de l'observation clinique, on a substitué l'abord populationnel de la santé publique.

Deuxièmement, des outils pratiques inédits ont été utilisés : on ne s'est plus contenté de recevoir de jeunes malades dans les hôpitaux, mais on a fait des enquêtes auprès d'habitants des immeubles supposés dangereux ; on a commencé à calculer des taux d'intoxication au lieu de rapporter dans des articles des histoires d'enfants contaminés ; on a pensé l'administration de la preuve en construisant des études comparatives et non plus seulement en interrogeant les parents sur leurs habitudes domestiques. Certes, on remarquera que ces recherches procédaient plus du bricolage statistique que des canons de l'investigation épidémiologique telle qu'on la juge dans les départements et les revues spécialisées. Il n'empêche que ce sont bien ces instruments imparfaits et non des procédures scientifiques qui ont permis la reconnaissance du problème.

Troisièmement, et surtout peut-on dire, des acteurs locaux se sont mobilisés : une pédiatre hospitalière qui a excédé les limites de sa clinique ; une assistante sociale qui est sortie de son cadre hospitalier pour découvrir les conditions de vie des malades de son service ; un médecin de la protection maternelle et infantile et un biologiste du Laboratoire d'hygiène de la ville de Paris qui ont conçu une épidémiologie de terrain ; un peu plus tard, deux membres d'associations humanitaires qui sont allés chercher aux États-Unis les experts et les expertises nécessaires à établir la preuve de l'épidémie et de son origine ; bien d'autres, parfois médecins, parfois extérieurs au champ sanitaire, se sont aussi emparés de la question. Tous ces acteurs, non spécialistes de santé publique mais qui en ont pourtant mis en œuvre, par conviction, la démarche, on peut ainsi les considérer comme des artisans-militants de la discipline.

C'est donc avec ces objets, ces outils et ces acteurs qu'on a pu établir la fréquence du problème sanitaire, sa cible et sa cause, toutes choses qu'il avait été impossible jusqu'alors de déduire de la seule lecture de la littérature médicale internationale pourtant disponible.

Ce changement de perspective est de même nature, à l'échelle du petit monde médical parisien et d'un temps bien plus court, que celui par lequel s'est produite, selon la formule de Ted Porter, « l'ascension de la pensée statistique » un siècle auparavant. À ceci près cependant que la connaissance par les chiffres est désormais acquise dans le monde social et *a fortiori* scientifique. Il ne s'agit plus de l'imposer contre les tenants du colloque singulier, comme l'avaient fait les promoteurs de la « méthode numérique ». Il faut dorénavant se saisir d'une grille de lecture à laquelle les médecins français étaient toutefois peu formés. Rappelons-nous que leur enseignement comprend à cette époque de l'hygiène publique fondée sur des programmes hérités des grands traités de la fin du XIXe siècle, mais aucune initiation à la statistique. Au début des années 1980, l'épidémiologie est encore, dans les facultés de médecine françaises, une description des épidémies et non une science des nombres, et ce n'est que sous la double influence – au demeurant non coordonnée et souvent peu convergente – d'un courant scientifique issu des mathématiques appliquées à la santé et d'un courant activiste revendiquant une approche communautaire de la médecine que la « nouvelle épidémiologie » va peu à peu trouver sa place dans les universités, les collectivités et les ministères.

Mais il n'a été jusqu'ici question que de culture savante, celle transmise dans le monde académique. Or il faut inscrire la construction sociale de l'épidémie de saturnisme dans une évolution culturelle plus globale, par laquelle le gouvernement des hommes affecte non seulement des individus, mais des populations, pas uniquement des soins aux malades et plus largement des réponses à des demandes, mais une prévention des risques et plus globalement une anticipation des problèmes, comme l'a montré Ulrich Beck. Il y a une culture populaire, une culture médiatique et une culture politique de la santé publique.

Dans le cas du saturnisme infantile, les résistances à cette nouvelle approche sont toutefois fortes. Les services municipaux de l'habitat de Paris font traîner les dossiers de relogement et rechignent à participer aux enquêtes sur les immeubles anciens. Les instances sanitaires nationales, à commencer par la direction générale de la santé, sont peu enclines à reconnaître que le saturnisme infantile puisse être un problème prioritaire. Jusqu'au début des années 1990, les agents qui se mobilisent pour la reconnaissance de la réalité et de la gravité de la situation sont marginaux et illégitimes en raison soit de leur appartenance disciplinaire, pour les médecins locaux de santé publique, soit de leur position institutionnelle, s'agissant des membres des associations humanitaires, soit plus encore de leur profession, pour ce qui est des assistantes sociales. Eux-mêmes d'ailleurs semblent parfois incertains du bien-fondé de leur lutte, comme ils le reconnaîtront plus tard.

Ces résistances et ces hésitations ne sont cependant pas spécifiques à l'histoire française de cette affection : le précédent états-unien, que Gerald Markowitz et David Rosner ont analysé, est de ce point de vue instructif. Si elles révèlent parfois des conflits d'intérêts, de nature politique ou économique, elles manifestent surtout la lenteur des processus d'élaboration d'une culture commune de santé publique.

À cet égard, un phénomène n'est presque jamais pris en compte par les agents dans leurs analyses : c'est qu'à travers leurs opérations de traduction de la réalité clinique en faits épidémiologiques, ils décrivent désormais une autre maladie. L'intoxication au plomb dont les pédiatres avaient rapporté 10 observations en un quart de siècle n'est pas le saturnisme infantile dont les spécialistes de santé publique dénombrent 1500 cas en cinq ans. La première se manifestait généralement par des atteintes cérébrales graves, parfois mortelles, dont il est d'ailleurs raisonnable de penser qu'une partie n'était pas reconnue. La seconde correspond le plus souvent à des formes asymptomatiques, découvertes par un interrogatoire orienté sur les conditions de logement. Bien sûr, il s'agit toujours d'une accumulation du métal lourd dans l'organisme, mais cette donnée physiopathologique elle-même a changé : les taux de plombémie étaient, dans le premier cas, souvent au-delà de 100 µg/dl, témoignant de la sévérité des états cliniques alors observés, alors que, dans le second, 6 contaminations sur 7 se situent au-dessous du seuil de gravité fixé à 50 µg/dl, ce qui signifie qu'elles sont sans traduction clinique.

Les agents le constatent sans toujours mesurer la portée de leur observation : depuis que le dépistage a débuté, on ne voit plus d'encéphalopathies aiguës. Autrement dit, de manière apparemment paradoxale, plus l'épidémie de saturnisme infantile progresse par le nombre de cas qu'on reconnaît et plus les observations cliniques d'intoxication au plomb de l'enfant reculent.

La redéfinition des contours du problème sanitaire ne se manifeste nulle part mieux que dans les réévaluations itératives du seuil de toxicité. La plupart des manifestations cliniquement repérables surviennent au-delà de 60 µg/dl, valeur qui a longtemps été considérée comme la limite acceptable en médecine et notamment en pédiatrie. Aux États-Unis, on a commencé dans les années 1940 à s'interroger sur le danger potentiel de taux sanguins supérieurs à 40 µg/dl mais les études épidémiologiques conduites pour le mettre en évidence souffraient de limites techniques et s'avéraient contradictoires. Ce n'est qu'à la fin des années 1980 qu'une série d'enquêtes, conduites notamment aux États-Unis et en Australie, a permis d'établir définitivement que, même à des taux faibles, on observait des troubles cognitifs et comportementaux chez les enfants contaminés, une fois contrôlées toutes les autres variables. En 1991, au vu de ces résultats convergents, les Centers for Disease Control ramenaient le seuil accepté à 10 µg/dl.

En France, lorsqu'au début des années 1980, les pédiatres en relataient les observations dramatiques, ils plaçaient généralement la limite de la plombémie normale à 35 µg/dl. Quand les deux premières études parisiennes ont été réalisées à la fin de la décennie, la norme était cette fois située au-dessous de 25 µg/dl. À la suite des enquêtes épidémiologiques établissant les effets cognitivo-comportementaux du plomb à faible dose, la limite a été abaissée à 15 µg/dl : c'est sur cette base que sont identifiés les 1 500 cas parisiens en 1990. Mais la valeur internationalement admise a été abaissée peu après à 10 µg/dl : c'est en s'y référant qu'en 1998 on estime le nombre d'enfants contaminés à 85 000.

À mesure que le seuil baisse, l'épidémie prend logiquement de l'ampleur dans les statistiques. Cette décision de modification de la norme n'est évidemment pas arbitraire puisqu'elle repose sur une meilleure connaissance des effets à long terme du plomb. Elle aboutit cependant à produire une nouvelle maladie : à l'encéphalopathie saturnine qu'un bon clinicien devait pouvoir identifier, a succédé une réalité accessible aux seuls calculs de probabilité, sous réserve de contrôle des variables sociales, et qui se manifeste par un risque plus élevé de retards scolaires et même, dans certaines études, d'actes délinquants.

Il faut bien prendre la mesure de la double opération intellectuelle par laquelle le saturnisme infantile est ainsi devenu un problème de santé publique. La première consiste à repérer des cas existants, mais jusqu'alors ignorés parce qu'on ne les recherchait pas. Le dépistage systématique dans les centres de protection materno-infantile sur la base des caractéristiques du logement permet cette identification des cas méconnus. On peut parler dans ce cas de découverte. La seconde consiste à transformer les critères par lesquels on définit la maladie, autrement dit à déplacer le curseur entre le normal et le pathologique. La reconnaissance d'un abaissement du quotient intellectuel et d'une fréquence plus élevée de conduites inadaptées en classe correspond à une nouvelle entité jusqu'alors interprétée dans un autre langage que médical. On peut parler dans ce cas d'invention. Bien sûr, il peut exister un certain recoupement des deux opérations. Il n'en reste pas moins utile de les différencier pour mieux saisir ce qui se joue ici, mais dont on trouve de nombreux exemples ailleurs, et notamment aujourd'hui dans le domaine des maladies génétiques.

C'est ainsi une autre manière de donner sens au pathologique que dessine la santé publique. Tout en prétendant se contenter de reproduire une réalité naturelle, elle la transforme en un objet nouveau, méconnaissable, mais politiquement pertinent : il ne s'agit plus de mieux soigner quelques enfants, il faut réhabiliter des quartiers entiers ; il ne s'agit plus de traiter des pathologies neurologiques lourdes, il faut prévenir des retards d'apprentissage et des troubles relationnels. La culture de la santé publique ne se manifeste toutefois pas seulement dans sa façon de dessiner la maladie, elle le fait aussi dans sa façon de traiter les malades.

CULTURALISER DES SUJETS

Seconde proposition : la santé publique culturalise ses sujets. En d'autres termes, elle produit des énoncés et des actes sur la culture de ceux auxquels elle s'adresse et dont elle entend transformer les représentations et les pratiques pour leur permettre d'accéder à une existence meilleure ou prolongée. Elle institue ainsi avec son public une relation d'altérité. Le même est du côté des savoirs, l'autre du côté des croyances, ainsi que l'a écrit Geoffrey Lloyd. Faire œuvre de santé publique, c'est modifier les secondes pour les rapprocher des premiers. Opération d'autant plus efficace que l'autre est socialement, ethniquement, géographiquement éloigné, autrement dit qu'il apparaît presque naturellement dans sa différence culturelle. Le pauvre, l'immigré, l'ouvrier, le jeune, la femme indienne ou le paysan africain sont autant de sujets qui se prêtent, bien malgré eux, à ce travail de culturalisation. La chose vaut certes pour toute action publique. Probablement la santé publique, parce qu'elle porte en elle une forte dimension morale d'agir pour le bien de l'humanité, s'y trouve-t-elle particulièrement exposée.

Reprenons donc l'histoire française du saturnisme. À Lyon, en 1981, rien n'était dit de l'origine du petit garçon. À Paris, quatre ans plus tard, on sait que la petite fille est africaine et qu'elle habite dans un appartement délabré. Comme les cinq autres cas diagnostiqués au cours des mois qui suivent dans le même hôpital. De même aussi que les enfants dépistés jusqu'en 1990 : tous sont étrangers, dont 14 % d'Afrique du Nord et 85 % d'Afrique subsaharienne. « En Île-de-France, la plupart des enfants sont d'origine africaine et de race noire », indique une équipe de toxicologues toutefois peu encline à insister sur ce fait.

L'explication demeure d'ailleurs incertaine : « Le facteur ethnique est corrélé à des situations socio-économiques défavorables, incluant de mauvaises conditions d'habitat, écrivent les coordonnateurs des deux premières enquêtes parisiennes. En outre, les comportements de pica sont plus facilement tolérés dans les familles où la pratique géophagique est un élément culturel. » Trouble psychopathologique, le pica est une perversion du goût alimentaire qui conduit à ingérer des substances minérales. Il constitue de longue date l'interprétation la plus courante de l'intoxication saturnine de l'enfant qui se contamine en absorbant des écailles des peintures des murs ou des boiseries. Mais il se mêle ici à un trait supposé caractéristique des populations africaines, la géophagie, qui, à en croire ces auteurs, induirait une tolérance au comportement anormal des enfants. Le saturnisme serait ainsi la conséquence de pratiques culturelles.

En réalité, dès la découverte des premiers cas, l'origine africaine des enfants a intrigué les intervenants. Comment rendre compte en effet de cette surreprésentation massive des Africains de l'Ouest parmi les petits malades ? Alors qu'interrogés sur leur métier, plusieurs pères mentionnent leur activité de guérisseur, qui sert souvent à masquer la réalité du chômage, certains professionnels évoquent déjà une « maladie des enfants de marabouts » et cherchent dans l'encre des tablettes coraniques qu'ils sont censés utiliser la source possible de la contamination. Cette piste étant rapidement écartée, ce sont les pratiques et les objets africains qui sont passés au crible des interrogatoires des parents et des listes de produits dangereux, avant de faire l'objet d'analyses chimiques : fards pour les yeux, poterie artisanale de cuisson des aliments, potions traditionnelles administrées par les parents. Face à l'incrédulité des pouvoirs publics sur la réalité de l'épidémie et de sa source, il faut, explique-t-on, éliminer toutes les causes possibles.

Démarche remarquable si l'on considère que, depuis plus d'un demi-siècle, en Amérique du Nord, les peintures sont considérées comme la principale cause d'intoxication de l'enfant et que, de surcroît, les dosages réalisés dans les peintures lors de la première enquête parisienne attestent déjà les concentrations élevées de plomb, et si l'on réalise qu'en Grande-Bretagne, ce sont les enfants de familles de la péninsule indienne qui constituent l'essentiel des victimes de l'intoxication. Ce déni du rôle des peintures et cet excès de zèle culturel ont de quoi surprendre. Bientôt, cependant, il devient difficile de nier le rôle de l'habitat dégradé, tant les preuves s'accumulent. C'est alors que le pica entre en scène.

Pourquoi, en effet, si l'habitat vétuste est bien en cause, tous les malades sont-ils africains ? Si les raisons n'en sont pas génétiques, c'est donc qu'elles sont culturelles, suppose-t-on. C'est donc cette nouvelle voie que l'on explore. Les premières interprétations sont de sens commun : les enfants manquent de jouets et de stimulation, spécule-t-on, et pour tuer leur ennui, ils passent leur temps par terre ou devant la fenêtre, livrés à eux-mêmes ; et les mères, peu instruites et mal informées, ne surveillent pas leur progéniture dont elles ne réfrènent pas les appétits déviants. Cette thèse n'est pas nouvelle et, dans les années 1960 et 1970, aux États-Unis, ce discours réprobateur, dont l'explication culturelle sert à atténuer les relents moralisateurs, était déjà très répandu à l'encontre des femmes noires des milieux pauvres, accusées de ne pas suffisamment s'occuper de leurs enfants.

Bientôt pourtant, les analyses passent dans le registre savant avec l'arrivée des anthropologues qui, comme l'écrivent Nadia Rezkallah et Alain Epelboin, sollicités pour mener l'enquête, se mettent à la recherche des « caractéristiques socioculturelles spécifiques au-delà des facteurs de risque principaux, liés à la surpopulation d'habitats précaires, vétustes et dégradés ». Ils découvrent ainsi cette spécificité, parmi les femmes ouest-africaines, dans les « normes autochtones d'acceptation de la géophagie » conduisant à « une tolérance toute particulière au spectacle d'un enfant suçant des fragments de revêtements muraux ». Selon un modèle emprunté à l'ethno-psychiatrie, le pica leur apparaît alors comme la variante pathologique, car non culturellement conforme, de la géophagie qui, elle, est au contraire normale et codifiée. En d'autres termes, consommer des substances minérales, telles que du kaolin ou de l'argile, est une pratique culturelle ordinaire qui conduit les mères ouest-africaines à laisser leurs enfants manger des écailles de peinture.

Mais comment retenir cette interprétation quand les enfants contaminés appartiennent aux familles noires pauvres aux États-Unis et aux familles indiennes ou pakistanaises immigrées en Grande-Bretagne ? s'indignent les médecins qui se sont mobilisés contre la maladie. Si elle ne nie pas la responsabilité des peintures et la réalité de la pauvreté, l'explication culturelle n'en revient pas moins à éluder les responsabilités politiques, en évitant ainsi d'en tirer les conséquences. Selon un procédé classique, on blâme la victime, qui est la cause, certes involontaire, de ses problèmes. Dès lors, on est en mesure de proposer des programmes d'information visant à éduquer les mères plutôt que des actions de réhabilitation de l'habitat dégradé et de relogement des familles.

L'histoire aurait pourtant pu donner à réfléchir à ces experts ès altérité. Dans les années 1940, les études pionnières conduites à Baltimore ont en effet montré que les enfants noirs, 4 fois moins nombreux, mouraient 5 fois plus de saturnisme que les enfants blancs, et que les programmes d'éducation, aussi nourris de bonnes intentions qu'ils fussent, n'avaient guère d'efficacité dans des populations qui connaissaient du reste le danger du plomb, mais n'avaient tout simplement pas les moyens de s'y soustraire. À la question de savoir pourquoi l'incidence du saturnisme infantile est si élevée parmi les enfants africains aujourd'hui en Île-de-France comme parmi les enfants noirs hier dans le Maryland, c'est par conséquent ailleurs que dans le culturalisme qu'il faut chercher une réponse.

L'interprétation est essentiellement historique. Deux phénomènes se conjuguent pour rendre compte de la remarquable surreprésentation statistique des petits enfants d'origine africaine dans l'épidémiologie du saturnisme. Ils ne sont pas culturels : ils sont politiques.

Un premier élément tient au durcissement des politiques de l'immigration. À partir de 1974, date de l'arrêt presque complet de l'immigration de travail, puis de 1984, moment de la réduction drastique du regroupement familial, les déplacements de populations vers la France deviennent de plus en plus difficiles. Les familles africaines qui, pour des raisons tant économiques que politiques, constituent dans cette période une part importante des flux migratoires, sont aussi celles qui se trouvent au bas de la hiérarchie socioéconomique. Souvent en situation irrégulière du fait des nouvelles législations, mais souffrant également de difficultés d'accès à l'emploi, elles occupent, de par leur précarité économique et fréquemment juridique, le segment inférieur du parc immobilier.

C'est ici que le second fait entre en ligne de compte. Il concerne les politiques de l'habitat. Avec les difficultés sociales des années 1970 et 1980, avec notamment la montée du chômage et la précarisation de l'emploi qui, compte tenu des pratiques discriminatoires ouvertement affichées dans le monde du travail, affectent surtout les populations étrangères et d'origine étrangère, le logement social, qui ne remplit plus sa fonction de lieu de passage sur la voie de l'accession à la propriété, devient saturé. Pour les derniers arrivants de l'immigration, la solution de repli est l'habitat privé, généralement le plus dégradé, souvent loué à des prix d'autant plus élevés que les locataires potentiels n'ont pas d'alternative.

Comme on le voit, on est bien loin de l'exotisme de l'encre des marabouts et de la géophagie des mères : ce sont les politiques restrictives de l'immigration et les politiques sélectives de l'habitat social qui, en confinant les immigrés africains dans le parc le plus vétuste, réalisent une situation quasi expérimentale d'exposition au risque d'intoxication par le plomb. Que, dans ces conditions, le saturnisme infantile les affecte bien plus massivement que les autres est donc le résultat d'une histoire qu'éclaire l'économie politique de l'immigration, bien plus que la conséquence de traits culturels.

Il est d'ailleurs remarquable que, pour des pathologies aussi différentes et dans des contextes aussi variés que la tuberculose en Afrique du Sud étudiée par Randall Packard, le sida en Haïti décrit par Paul Farmer ou la malnutrition au Brésil analysée par Nancy Scheper-Hughes, la santé publique ait été si souvent encline à chercher du côté de la culture plutôt que de s'interroger sur l'économie politique telle que l'histoire permet de la reconstituer. On peut voir, dans cette répétition de scénarios similaires, la permanence d'une forme de culturalisme pratique qui fait de la culture essentialisée une interprétation commode des réalités auxquelles elle est confrontée.

Toutes les approches de la culture par la santé publique ne se résument certes pas à cette lecture : elle en caractérise cependant une figure dominante.

LA SANTÉ PUBLIQUE COMME POLITIQUE

En résumé, la santé publique se présente généralement comme une connaissance orientée vers l'action, une expertise au service de la décision. La matière qui nourrit cette connaissance et cette expertise est donnée comme un fait de nature qu'il s'agit simplement de rendre lisible par des statistiques, des déterminants, des facteurs de risque. Les bénéficiaires supposés de l'action et de la décision sont censés appartenir, eux, au monde de la culture qu'il faut transformer au nom de leur bien-être. Cette coupure entre deux mondes, supposés objectif et subjectif, naturel et culturel, est fondatrice de la santé publique, au-delà de ses variantes et de ses différences. En rendre compte suppose donc de restituer cette tension entre les faits matériels des maladies, des souffrances, des pollutions, et les opérations sociales d'élaboration de taux, de recherche de causes, de mise en programmes, c'est-à-dire, pour reprendre la distinction posée au début de cette partie, entre ce que nous enseigne la lecture réaliste et ce que nous apprenons de l'approche constructiviste.

Le saturnisme infantile est une intoxication par le plomb qui affecte des enfants, pour la plupart de familles immigrées africaines, vivant dans un habitat insalubre. Mais on peut le décrire, selon le seuil que l'on choisit, en termes d'atteintes neurologiques graves ou de diminution statistiquement significative du quotient intellectuel, et selon la perspective que l'on adopte, comme une affection d'origine culturelle ou comme le produit de politiques d'immigration et de logement.

Ces choix auront des conséquences sur la manière de répondre au problème sanitaire. Choix d'un seuil, d'abord : plus la norme s'abaissera, plus l'estimation des cas sera élevée et plus la mobilisation de ressources semblera justifiée ; certaines villes en ont fait l'évaluation et, selon que la limite acceptable est située à 15 µg/dl (comme c'est le cas selon les normes françaises) ou 10 µg/dl (comme il est recommandé au plan international), on passe de quelques logements à réhabiliter à plusieurs centaines d'appartements à rénover. Choix d'une interprétation, ensuite : résultant d'un trouble comportemental, la maladie invitera à des actions éducatives, alors que, conséquence des inégalités sociales, elle appellera des mesures structurelles ; confrontées à de graves problèmes de saturnisme infantile, certaines municipalités se sont longtemps contentées de faire envoyer par leurs services d'hygiène un courrier aux parents concernés, demandant aux mères des enfants intoxiqués de leur couper les ongles pour qu'ils ne puissent pas gratter les murs et de laver quotidiennement leur plancher avec une serpillière humide pour éviter que les poussières ne volent ; aujourd'hui, dans ces communes, on commence enfn à reloger des familles.

La santé publique est donc cette activité culturelle par laquelle un fait biologique - l'intoxication au plomb des enfants - est construit comme fait social - une épidémie de saturnisme infantile - avec ses chiffres et ses images, ses caractéristiques économiques et ethniques, ses modèles étiologiques et ses réponses pratiques. Mais elle est aussi, de façon symétrique, cette activité culturelle par laquelle un fait social - la précarisation économique et juridique des familles immigrées et leur marginalisation dans les segments les plus insalubres de l'habitat - peut être lu comme un fait biologique - à savoir une maladie dont on reconstitue le puzzle afin de pouvoir la combattre. C'est dire qu'elle est aussi politique.

En quittant donc le seul terrain de l'analyse sociohistorique pour se situer du point de vue précisément de ce que peut être une politique de santé publique, on peut tirer trois conséquences du récit de la découverte et de l'invention du saturnisme infantile.

Tout d'abord, si l'on admet que la santé publique, comme pratique, est socialement construite à travers le travail des objets, des instruments et des acteurs, alors c'est assurément une incitation à l'action. On a vu comment des artisans-militants, peu formés mais entreprenants et engagés, s'étaient mobilisés, bien plus énergiquement et efficacement que ne l'avaient fait les segments légitimes de la santé publique académique et administrative. C'est bien parce que certains, venus du mondes hospitalier, des collectivités locales, et des associations humanitaires ou même de secteurs non médicaux, comme le travail social et l'animation urbaine, ont fait du saturnisme infantile une cause – leur cause – que la santé publique française a pu reconnaître l'existence du problème, en mesurer la gravité, en comprendre les mécanismes, et finalement se doter le 29 juillet 1998 d'une réglementation pour le combattre. Il faut toutefois tempérer cet optimisme à la mesure des réalisations effectives. À cet égard, en effet, force est de constater qu'il y a loin de la loi à son application. Deux ans après le vote de la législation sur la prévention du saturnisme infantile, moins d'un pour cent des personnes exposées avaient été relogées ou avaient bénéficié d'une réhabilitation de leur logement.

Ensuite, si l'on accepte que la santé publique, comme situation, est aussi socialement produite par les conditions d'existence et les modes de vie, par l'environnement domestique et le milieu de travail et, de façon plus globale, par les grands processus qui structurent nos sociétés, alors la direction est clairement indiquée pour les interventions. Il s'agit de faire de la lutte contre les inégalités sociales en tant que telles une priorité en même temps qu'une grille de lecture et un instrument d'évaluation de l'action publique et, plus spécifiquement, de la santé publique. En quoi ce que l'on fait réduit-il les inégalités existantes ? Telle devrait être la lancinante interrogation de toute politique sociale ou sanitaire, au lieu de : en quoi cela améliore-t-il un état de santé moyen ? C'est loin d'être le cas aujourd'hui. La loi de santé publique du 9 août 2004, la première depuis un siècle, n'a guère mis en avant ce programme. Alors que la réduction des inégalités de santé est l'un des neuf principes généraux annoncés, sa déclinaison dans les cent objectifs est presque inexistante, les instruments pour évaluer l'efficacité des actions en la matière sont absents et le ministère de la santé a refusé un amendement parlementaire qui incluait la prise en compte de l'ensemble des facteurs d'inégalités de santé et préféré une formulation se limitant aux seules activités de soins, prévention et promotion de la santé. Or, on l'a vu avec le saturnisme infantile, une lutte efficace contre cette maladie particulièrement inégalitaire devrait mobiliser bien d'autres secteurs que celui de la santé.

Enfin, la dimension politique de la santé publique peut s'entendre dans un sens plus vaste. Qu'on y songe un instant. Pour que l'État commence à se préoccuper des conditions souvent sordides de logement des populations les plus précaires dans l'habitat vétuste des grandes villes et de leurs banlieues, il aura fallu que des enfants soient gravement intoxiqués et, plus encore, que leurs cas fassent l'objet d'une publicité, du reste significativement organisée par des agents des organisations humanitaires (n'oublions pas à cet égard que les deux ministres qui ont porté le projet de loi, issus de deux majorités parlementaires différentes, sont l'un et l'autre fondateurs de Médecins sans frontières). Ce que l'atteinte à la dignité des personnes n'avait pas produit, c'est donc l'argument sanitaire et souvent même l'appel à la compassion qui l'a finalement permis. Bien d'autres exemples pourraient être donnés de cette évolution morale : pour rendre acceptable la prise en charge des héroïnomanes, il a fallu montrer, comme on l'a vu, qu'ils étaient non des marginaux dangereux pour les autres et relevant d'une action policière, mais des êtres souffrant psychologiquement et présentant des risques infectieux, et donc nécessitant des mesures médicales ; pour régulariser des étrangers, c'est de plus en plus par l'invocation d'une maladie grave qu'il faut passer lorsque toutes les autres voies de recours se sont refermées.

Souvent aujourd'hui, le corps est devenu cette ultime ressource par laquelle on justifie le bien-fondé de l'action publique et de sa générosité à l'égard des plus fragiles ou des plus dominés. Ainsi tend à se définir ce qu'Adriana Petryna appelle une « citoyenneté biologique » par laquelle les personnes les plus précarisées retrouvent une place dans la cité par la maladie – et même, on ose à peine le dire, grâce à elle. Que la santé publique occupe une place croissante dans l'action publique, que chacun s'en réclame pour faire valoir des prérogatives et que, d'une manière générale, la prise en compte des désordres du corps soit devenue plus présente dans nos vies, on peut, par bien des aspects, y trouver des motifs de satisfaction. Il nous faut pourtant nous interroger sur la signification et les implications, pour le contrat social qui lie les membres de nos sociétés, d'une tendance croissante à légitimer par la souffrance ou par la maladie les droits que nous sommes prêts à reconnaître aux plus précaires et aux plus vulnérables. À cette question éthique autant que politique, les acteurs présents et futurs de la santé publique ne peuvent certainement pas rester indifférents.

Références

Ainsi que je l'ai indiqué dans l'avant-propos, ce texte reprend certains éléments de deux articles précédemment publiés mais que j'ai profondément remaniés et complétés :

« Santé publique », in D. Lecourt éd., *Dictionnaire de la pensée médicale*, Paris, PUF, 2003, 1014-1018.

« Public health as culture. The social construction of the childhood lead poisoning epidemic in France », *British Medical Bulletin*, 2004, 69 : 167-177.

*

Pour les lecteurs qui souhaiteraient aller plus loin sur l'un ou l'autre des thèmes abordés ici trop rapidement, je me permets de mentionner quelques références personnelles. Chacune d'elles propose une importante bibliographie que l'on pourra éventuellement consulter.

Ouvrages

L'espace politique de la santé. Essai de généalogie, Paris, PUF, 1996.

Les figures urbaines de la santé publique. Enquête sur des expériences locales, Paris, La Découverte, 1998.

Les enjeux politiques de la santé. Études sénégalaises, équatoriennes et françaises, Paris, Karthala, 2000.

Les inégalités sociales de santé (avec A. Leclerc *et al.*), Paris, La Découverte, 2000.

Critique de la santé publique. Une approche anthropologique (avec J.-P. Dozon), Paris, Balland, 2001.

Le gouvernement des corps (avec D. Memmi), Paris, Éditions de l'École des hautes études en sciences sociales, 2004.

Des maux indicibles. Sociologie des lieux d'écoute (avec la collaboration de Pierre Aïach *et al.*), Paris, La Découverte, 2004.

Quand les corps se souviennent. Expériences et politiques du sida en Afrique du Sud, Paris, La Découverte, 2006.

L'empire du traumatisme. Enquête sur la condition de victime (avec Richard Rechtman), Paris, Flammarion, 2007.

ARTICLES

« Politiques de la vie et politiques du vivant. Pour une anthropologie de la santé », *Anthropologie et Sociétés*, numéro spécial « Terrains d'avenir », 2000, 24 (1), 95-116.

« Comment faire de la santé publique avec des mots. Une rhétorique à l'œuvre », *Ruptures. Revue transdisciplinaire en santé,* 2000, 7 (1), 58-78.

« Biopolitique », in D. Lecourt éd., *Dictionnaire de la pensée médicale*, Paris, PUF, 2003, 176-179.

« Naissance de la santé publique. Deux descriptions du saturnisme infantile à Paris (1987-1989) », *Genèses,* 2003, 53 : 139-153.

« Plumbism reinvented. The early times of childhood lead poisoning in France 1985-1990 » (avec A.J. Naudé), *American Journal of Public Health,* 2004, 94, 11, 1854-1862.

« La biopolitique n'est pas la politique de la vie », *Sociologie et sociétés*, Numéro spécial « Michel Foucault et la sociologie », 38 (2), 32-47 : 35-48.

*

Pour la partie « Généalogies », les principaux travaux sur lesquels s'appuie le texte sont les suivants :

BOURDELAIS P. éd., *Les hygiénistes. Enjeux, modèles et pratiques (XVIIIe-XXe siècles),* Paris, Belin, 2001.

CIPOLLA C., *Public Health and the Medical Profession in the Renaissance*, Cambridge, Cambridge University Press, 1976.

DESROSIÈRES A., *La politique des grands nombres. Histoire de la raison statistique*, Paris, La Découverte, « Textes à l'appui », 1993.

FOUCAULT M., *Histoire de la sexualité. 1. La volonté de savoir,* Paris, Gallimard, 1976.

FOUCAULT M., « Omnes et singulatim : vers une critique de la raison politique », in *Dits et écrits*, tome 4, Paris, Gallimard, 1993, p. 134-161.

HACKING I., *The Social Construction of What ?* Cambridge, Mass., Harvard University Press, 1999.

LA BERGE A., *Mission and Method. The Early Nineteenth French Public Health Movement*, Cambridge, Cambridge University Press, 1992.

LÉONARD J., *La médecine entre les pouvoirs et les savoirs. Histoire intellectuelle et politique de la médecine française au XIXe siècle*, Paris, Aubier, 1981.

LÉVI-STRAUSS C., *Les structures élémentaires de la parenté*, Paris, PUF, 1949.

MURARD L. et ZYLBERMAN P., *L'hygiène dans la République. La santé publique en France ou l'utopie contrariée 1870-1918*, Paris, Fayard, 1996.

NELSON B., *Making an Issue of Child Abuse. Political Agenda Setting for Social Problems*, Chicago, The University of Chicago Press, 1984.

PETERSEN A., LUPTON D., *The New Public Health. Health and Self in the Age of Risk*, Londres, Sage Publications, 2000.

PORTER D., *Health, Civilization and the State. A History of Public Health from Ancient to Modern Times*, Londres-New York, Routledge, 1999.

RAMSAY M., « Public Health in France », in D. Porter éd., *The History of Public Health and the Modern State*, Londres, Wellcome Institute Series, 1994, p. 45-118.

ROSEN G., *A History of Public Health*, New York, MD Publications, 1958.

SCHNEIDER J., « Social Problems Theory : The Constructionist View », *Annual Review of Sociology*, 1995, 11 : 209-229.

VEYNE P., *Le pain et le cirque. Sociologie historique d'un pluralisme politique*, Paris, Seuil, « Univers historique », 1976.

VIGARELLO G., *Le sain et le malsain. Santé et mieux-être depuis le Moyen Âge*, Paris, Seuil, « Univers historique », 1993.

VIGARELLO G., « L'intolérable de la maltraitance infantile. Genèse de la loi sur la protection des enfants maltraités et moralement abandonnés », in D. Fassin et P. Bourdelais éds.,

Les constructions de l'intolérable. Études d'anthropologie et d'histoire sur les frontières morales de l'espace moral, Paris, La Découverte, 2005, p. 111-127.

WINSLOW C.E.A., *The Evolution and Significance of the Modern Public Health Campaign*, New Haven, Yale University Press, 1923.

*

Pour la partie « Sociologies », les principaux travaux sur lesquels s'appuie le texte sont les suivants :

BECK U., *Risk Society. Towards a New Modernity*, Londres, Sage, 1992.

FARMER P., *AIDS and Accusation. Haiti and the Geography of Blame,* Berkeley, University of California Press, 1992.

FARMER P., *Infections and Inequalities. The Modern Plagues*, Berkeley, University of California Press, 1999.

FOUCAULT M., *Naissance de la clinique. Une archéologie du regard médical*, Paris, PUF, 1963.

GEERTZ C., « Religion as a cultural system », in *The Interpretation of Cultures.* New York, Basic Books, 1993, p. 87-125.

KRIEGER N., « The making of public health data : paradigms, politics and policy », *Journal of Public Health Policy*, 1992, 13, 412-427.

LLOYD G.E.R., *Pour en finir avec les mentalités*, Paris, La Découverte, 1996 (1re édition 1990).

MARKOWITZ G., ROSNER D., *Deceit and Denial. The Deadly Politics of Industrial Pollution*, Berkeley, University of California Press, 2002.

MARTIN E., *The Woman in the Body. A Cultural Analysis of Reproduction*, Boston, Beacon Press, 1987.

PACKARD R., *White Plague, Black Labor. Tuberculosis and the Political Economy of Health and Disease in South Africa,* Berkeley, University of California Press, 1989.

PETRYNA A., *Life Exposed. Biological Citizens after Chernobyl*, Princeton, Princeton University Press, 2002.

PORTER T., *The Rise of Statistical Thinking 1820-1900*, Princeton, Princeton University Press, 1986.

SCHEPER-HUGHES N., *Death without Weeping. The Violence of Everyday Life in Brazil,* Berkeley, University of California Press, 1992.

WARREN C., *Brush With Death. A Social History of Lead Poisoning,* Baltimore, The Johns Hopkins University Press, 2000.

*

En ce qui concerne les références évoquées plus spécifiquement autour de l'histoire du saturnisme infantile, il s'agit de :

CORDIER M.P., GILLET P., Boucherat M., « Intoxication par le plomb révélée par une encéphalopathie sévère. Un cas français de 'pica'», *Archives françaises de pédiatrie,* 1981, 38 : 609-611.

DELOUR M., SQUINAZZI F., « Intoxication saturnine chronique du jeune enfant. Dépistage et prise en charge médicosociale », *Revue de pédiatrie*, 1989, 25 : 38-47.

DELOUR M., SQUINAZZI F., « Stratégies de dépistage du saturnisme infantile », *Revue du praticien,* 1989, 68 : 61-64.

FEE E., « Public health in practice : an early confrontation with the 'silent epidemic'of childhood lead paint poisoning », *Journal of the History of Medicine and the Allied Sciences,* 1990, 45 : 570-606.

FONTAINE A., XU Q., BRODIN M. *et al.*, « Dépistage du saturnisme infantile à Paris », *Bulletin épidémiologique hebdomadaire*, 1992, 2: 5-7.

GARNIER R., CHATAIGNIER D., « Intoxications saturnines de l'enfant. Étude de 95 dossiers d'enfants hospitalisés en Île-de-France », *Journal de toxicologie et de clinique expérimentale*, 1989, 9 : 345-349.

GARNIER R., CHATAIGNER D., EFTHYMIOU M.L., « Saturnisme de l'enfant », *Concours médical*, 1991, 2516-2523.

INSERM, *Plomb dans l'environnement. Quels risques pour la santé ?* Paris, Éditions Inserm, 1999.

NEEDLEMAN H.L., « Lead poisoning », *Annual Review of Medicine,* 2004, 55: 209-222.

NEEDLEMAN H.L., SCHELL A., BELLINGER D., LEVITON A., ALLRED E.N., « The long-term effects of exposure to low doses of lead in childhood », *New England Journal of Medicine,* 1990, 322 : 83-88.

REZKALLAH N., EPELBOIN A., *Chroniques du saturnisme infantile 1989-1994. Enquête ethnologique auprès de familles parisiennes originaires du Sénégal et du Mali,* Paris, L'Harmattan, 1997.

Table des matières

Du même auteur

Pouvoir et maladie en Afrique. Anthropologie sociale de la banlieue de Dakar,
Paris, PUF, « Les champs de la santé », 1992.

Antropologia y salud en comunidades indígenas. Manual de capacitación para promotores campesinos,
Quito, Abya Yala-IFEA, 1992.

L'espace politique de la santé. Essai de généalogie,
Paris, PUF, « Sociologie d'aujourd'hui », 1996.

Les enjeux politiques de la santé. Études sénégalaises, équatoriennes et françaises, Paris, Karthala,
« Hommes et Sociétés », 2000.

Des maux indicibles. Sociologie des lieux d'écoute
(avec la collaboration de Pierre Aïach *et al.*),
Paris, La Découverte, « Alternatives sociales », 2004.

Quand les corps se souviennent. Expériences et politiques du sida en Afrique du Sud
Paris, La Découverte, « Armillaire », 2006,
Traduction anglaise Berkeley,
University of California Press, 2007

L'empire du traumatisme. Enquête sur la condition de victime
(avec Richard Rechtman),
Paris, Flammarion, « La Bibliothèque des savoirs », 2007.

En tant qu'éditeur scientifique

Santé publique
(avec Gilles Brücker), Paris, Ellipses, 1989.

Sociétés, développement et santé
(avec Yannick Jaffré), Paris, Ellipses,
« Universités francophones », 1990.

Mujeres de los Andes. Condiciones de vida y salud
(avec Anne-Claire Defossez et Mara Viveros), Bogotá,
Universidad Externado de Colombia-IFEA, 1992.

Les métiers de la santé. Enjeux de pouvoir et quête de légitimité
(avec Pierre Aïach),
Paris, Anthropos, « Sociologiques », 1994.

Les lois de l'inhospitalité. Les politiques de l'immigration
à l'épreuve des sans-papiers
(avec Alain Morice et Catherine Quiminal),
Paris, La Découverte, « Essais », 1997.

Les figures urbaines de la santé publique.
Enquête sur des expériences locales,
Paris, La Découverte, « Recherches », 1998.

Les inégalités sociales de santé (avec Annette Leclerc,
Hélène Grandjean, Thierry Lang et Monique Kaminski),
Paris, Inserm-La Découverte, « Recherches », 2000.

Critique de la santé publique. Une approche anthropologique
(avec Jean-Pierre Dozon),
Paris, Balland, « Voix et regards », 2001.

Le gouvernement des corps
(avec Dominique Memmi), Paris, Éditions de l'École des hautes
études en sciences sociales, « Cas de figure », 2004.

Afflictions. L'Afrique du sud, de l'apartheid au sida,
Paris, Karthala, « Hommes et sociétés », 2004.

Les constructions de l'intolérable. Études d'anthropologie
et d'histoire sur les frontières de l'espace moral
(avec Patrice Bourdelais),
Paris, La Découverte, « Recherches », 2005.

De la question sociale à la question raciale ?
Représenter la société française,
(avec Eric Fassin),
Paris, La Découverte, « Cas de figure », 2006.

Réalisation : Éditions EHESP
Maquette couverture : V. Hélye
Achevé d'imprimer en septembre 2010 sur les presses
de l'imprimerie Jouve à Mayenne
Dépôt légal : mars 2008
Imprimé en France